사랑하는

_____ 님께 드립니다.

백년 뇌를 위한
재미있는 두뇌 운동

이은아 박사의
치매 예방 활동북 **3**

재미있는

백년 뇌를 위한
두뇌 운동

이은아 지음

추억
놀이편

이든슬리벨

프롤로그

지난 20여 년간 진료실에서 다양한 원인으로 뇌기능이 저하된 치매 환자들의 사연을 만날 때마다, 마치 동상(冬傷)에 걸린 새끼발가락처럼 마음이 얼얼해지곤 했습니다. 신경과 의시로서 제기 할 수 있는 모든 **방법을** 동원해 치매 환자의 뇌기능을 회복하고, 잃어버린 싦을 다시 찾을 수 있도록 돕고 싶었습니다.

눈이 부시도록 화려하게 피어났던 꽃잎이 시들시들 지는 것처럼, 뇌세포가 쪼그라들어 기억력이 약해지고, 단어가 잘 안 떠오르고, 계산이 안 되고, 늘 익숙하게 다니던 길이 낯설게 느껴지는 치매 환자들의 뇌기능을 어떻게 하면 좋아지게 만들 수 있을까? 치매 환자들의 뇌를 흔들어 깨우기 위해 끊임없이 다양한 방법을 구하고 찾고, 문을 두드렸습니다. 그리고 치매에 숨겨진 놀라운 비밀을 《이은아 박사의 치매를 부탁해》라는 책에 담았습니다.

우리는 지금 백 년의 삶을 누릴 수 있는 시대에 살고 있습니다. 건강하게 백 년을 사는 것은 큰 축복이지만, 나이가 들어감에 따라 누구나 치매에 걸릴 수도 있습니다.

치매의 비밀 중 하나는, 치매를 예방하기 위해 너무 이른 때도, 너무 늦은 때도 없다는 것입니다. 백 년 동안 치매에 걸리지 않는 뇌를 간직하기 위해서는 미리미리 뇌를 꾸준히 자극하고 활발하게 뇌세포 운동을 해야 합니다.

이 책은 추억을 떠올리며 다양한 활동을 하는 치매 예방 워크북입니다. 치매를 예방하고 싶은 사람뿐 아니라, 아직 치매로 진행되지 않은 경도 인지장애 환자분들의 뇌기능을 회복시키기 위해 꼭 필요한 활동을 모두 담았습니다.

지난 기억을 되살려 그림을 그리고, 글을 쓰고, 가족과 함께 이야기하는 시간을 통해 꾸준히 기억 훈련하는 생활 습관을 가져 보십시오. 그러면 여러분의 뇌 안에서 잠자고 있던 뇌세포가 봄꽃처럼 다시 활짝 기지개를 켜고 피어날 것입니다.

우리 뇌는 정말 신비해서 치매에 걸린다고 한꺼번에 모든 뇌세포가 죽는 것은 아닙니다. 치매로 이미 진단을 받았다 할지라도, 뇌에는 죽은 세포와 죽어가는 세포가 있고, 아직 죽지 않고 건강한 뇌세포가 있습니다. 뇌 안에 조금 손상된 뇌세포가 있어도, 나머지 뇌세포들을 지속적으로 훈련해서 뇌기능을 높여 주면, 손상된 뇌세포의 기능을 대신할 수 있습니다. 또 청년기와 중년기에 뇌세포를 꾸준히 자극하고 활용해서 뇌의 예비 용량을 늘려 놓으면, 치매에 내성이 강한 뇌를 유지할 수 있고, 심지어 치매에 걸려도 건강하게 지낼 수 있습니다. 치매를 예방하기 위해서는 여러분이 생각하는 것보다 조금 더 일찍 뇌기능을 훈련하는 습관을 갖는 것이 중요합니다.

온 가족이 함께 뇌 훈련 과정에 즐겁게 참여할 때 치매 예방에 훨씬 효과가 좋습니다. 할머니, 할아버지, 어머니, 아버지, 손주, 손녀, 가족이 모두 모여 미리미리 치매 예방을 위한 뇌 운동 활동을 하면 좋습니다. 이 활동북을 통해 여러분이 백 년 동안 건강한 뇌, 치매에서 자유로운 뇌를 가질 수 있기를 기대합니다.

끝으로 이 책이 출판될 수 있도록, 긴 시간 동안 기도와 사랑으로 옆에서 용기를 주고 지지해 준 남편 이준성 님, 딸 이지선 양, 아들 이승엽 군, 이은미 언니와 부모님, 소중한 나의 가족에게 감사합니다. 그리고 치매 환자들을 함께 돌보며 '삶을 치료하는 해븐리병원'의 비전을 이루어 나가는 나의 소중한 동역자들, 조문경, 이미애 부장, 조강숙 팀장을 비롯한 모든 직원들과 해븐리 두뇌연구소 직원들, 그리고 박윤환 목사님께 진심으로 감사드립니다.

제가 많은 임상 경험을 할 수 있도록, 실전에서 가르침을 주신 치매 환자들과 가족들께도 깊은 감사를 드립니다. 여러분과의 만남이, 여러분을 진료하는 시간이 제게는 더할 수 없이 기쁘고 감사한 시간이었음을 고백합니다.

신경과 전문의

신경과학 의학박사 이은아

100세 시대에 사람들이 암보다 더 두려워하는 병이 바로 치매입니다. 치매는 치료되지 않는 병이라고 생각하기 때문입니다. 이러한 잘못된 고정관념에 도전하며 20여 년간 진료와 연구, 제도 마련에 헌신해 온 이은아 박사를 오랫동안 지켜보았습니다. 환자에 대한 애틋한 사랑, 치료에 대한 열정, 그리고 수많은 경험을 녹여 만든 이 책은 온 가족이 함께 활용할 수 있는 패밀리 워크북이라는 점이 독특합니다. 이 책을 통해 가족 사랑을 회복할 수 있을 거라 확신합니다. 어린 손자와 손녀가 할머니 할아버지와 함께 활동북을 하는 화목한 가족의 모습을 상상해 봅니다.

_ 손기철 (헤븐리터치 미니스트리 대표, 건국대학교 명예교수)

건강한 몸을 유지하며 오래 살아가는 것은 모두의 꿈일 것입니다. 그것보다 더 중요한 것은 몸뿐만 아니라 마음까지 건강하게 오래 사는 것입니다. 이 책은 오랜 기간 동안 임상에서 환자를 진료한 생생한 경험과 전문 의학적 지식, 그리고 창의적인 진료를 하기로 소문난 해븐리 병원의 노하우가 고스란히 담겨 있습니다. 두뇌 자극에 필요한 활동을 놀이처럼 재미있게 하다 보면 어느새 기억력이 향상되어 있음을 느낄 수 있을 것입니다. 이 책이 가족이 소통하는 도구로, 뇌를 건강하게 회복시켜주는 도구로 활용될 수 있기를 바랍니다.

_ 한설희 (건국대학교병원 신경과 교수)

누구나 치매만은 피하고 싶다고 말합니다. 정부도 한때 치매와 전쟁을 선포한 적 있지요. 의사도 치매 어르신을 진료하는 것이 힘들다고 기피하는 게 현실입니다. 그러나 이은아 선생님은 치매 치료를 향한 도전을 멈추지 않았습니다. 환자의 입장에서 쉽고 재미있게 쓰이기를 바라는 마음으로 만든 이은아 선생님의 친절한 마음이 느껴집니다.

_ 박건우 (고려대학교병원 뇌신경센터장, 치매학회 이사장)

엄마가 좀 이상해서 이은아 선생을 찾아갔고, 치매인 걸 알았습니다. 5년이 지난 지금, 엄마는 아주 많이 좋아지셨습니다. 살아있는 한 치매는 누구도 피할 수 없는 일이기에, 노년의 삶을 미리 준비해야 합니다. 이 책은 가족이 함께할 수 있어서 참 유익합니다.

_ 양희은 (가수)

이 책은 100세 시대를 사는 요즘, 치매의 최고 전문가인 이은아 원장이 현장에서 경험하고 연구해 온 바를 대중에게 꼭 필요한 것만 골라 만든 책입니다. 치매에 걸린 환자뿐만 아니라 치매를 걱정하는 사람, 예방하기를 원하는 사람들도 쉽고 재미있게 참여해 볼 수 있습니다.

_ 김승현 (한양대학교병원 신경과 교수, 국가 치매 정책위원)

이은아 선생님이 그동안 환자를 진료하면서 보여 주었던 것처럼, 환자에 대한 애정과 가족에 대한 배려가 듬뿍 묻어 있는 책입니다. 고령화 시대에 꼭 필요하고, 치매 예방에 큰 도움이 될 것이라 생각합니다.

_ 심영목 (삼성서울병원 교수, 성균관대학교 의과대학 석좌교수)

이은아 원장님은 지난 22년 동안 진료실과 정책 현장에서 치매 환자를 위해 살아온 분입니다. 많은 분들이 원장님의 경험을 공유하여 치매에 대한 부정적인 선입견을 떨치고 뇌를 건강하게 지킬 수 있는 도구로 이 책이 사용되기를 기원합니다.

_ 고임석 (중앙치매센터 센터장, 국립중앙의료원 진료부원장)

2019년 봄, 남의 일이라고 생각했던 일이 내게도 찾아왔습니다. 아버지의 치매 진단으로 인해 만난 이은아 선생님은 환자를 진심으로 대하는 '의사의 자세'와 '자녀의 관심과 사랑'이 치료에 꼭 필요하다는 것을 알려 주셨습니다. 덕분에 1년이 지난 지금, 아버지는 증상이 많이 호전되어 일상생활이 가능하게 되었습니다. 다시 아버지와 순간순간을 기억하고 함께 웃을 수 있어 정말 감사합니다. 치매가 남의 일이라 생각하기보다 언젠가는 내게도 찾아올 수 있다는 마음으로 이 책을 활용할 수 있으면 좋겠습니다.

_ 박휘순 (개그맨)

이 책의 활용법

하나 이 책을 활용하여 아름다운 회상록을 만들어 보세요.

둘 즐거운 일을 기억하여 글로 적는 일은 지매를 예방하는 좋은 방법입니다. 기억 회로를 즐겁게 자극함으로써 뇌의 변연계와 편도체 부위가 활성화되고, 그 결과 뇌세포가 건강하게 작용하도록 돕는 세로토닌, 에피네프린, 아세틸콜린 같은 신경전달물질이 분비되니까요.

셋 그림의 상하좌우를 인지하고 색깔을 파악하여 똑같이 칠하는 활동은 시공간 기능을 담당하는 뇌의 두정엽 부위를 활성화시킵니다.

넷 제시된 그림과 연관된 추억을 떠올리고 가족과 함께 이야기를 나누는 활동은 언어 기능과 기억력을 담당하는 뇌의 측두엽 부위를 활성화시킵니다.

다섯 그림과 연관된 단어들을 사용하여 글을 쓰고, 아름다운 시와 글을 소리 내어 읽는 활동은 뇌세포의 운동 회로뿐 아니라, 감각 회로를 함께 자극합니다. 또한 신체 활동을 수행함으로써 우리 몸의 실행 능력을 담당하는 뇌의 전두엽 부위를 자극할 수 있습니다.

1 《백년 뇌를 위한 재미있는 두뇌 운동-추억 놀이편》은 즐거웠던 기억을 떠올리며, 그림을 그리고, 이야기를 나누며, 관련된 소재로 글을 쓰고, 기억 훈련을 하도록 구성되어 있습니다. 할머니, 할아버지, 어머니, 아버지, 손자 손녀, 온 가족이 함께 활용하면 효과가 더 좋습니다.

2 점차 사라져 가는 우리나라의 옛 생활상을 정겨운 그림으로 표현하였으며, 치매 치료의 현장에서 분투하는 전문의와 음악·미술·원예 치료사들의 오랜 노하우를 담아, 우리 뇌세포를 골고루 자극하고 훈련할 수 있도록 고안했습니다.

3 먼저 각 페이지에 활동을 하는 날짜를 기입해 봅시다. 시간 지남력은 매일 훈련하는 것이 중요합니다.

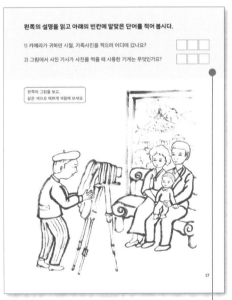

4 설명을 크게 읽은 후 좌측 그림을 보며 우측 그림에 같은 색으로 칠해 봅니다. 그림을 색칠한 후 제시된 질문의 답을 네모 칸에 적습니다. 정답은 좌측 그림 설명문에서 찾을 수 있습니다. 그림을 눈으로 보고 인지하여 같은 색깔을 찾아 색칠하는 작업은 뇌의 후두엽과 두정엽, 전두엽을 자극합니다.

5 다음 페이지는 그림의 일부분을 다시 색칠하며 사물의 이름을 기억할 수 있게 하여, 그림을 통한 두뇌 자극을 강화시키는 과정입니다. 사물의 이름을 기억하고 소리를 내어 읽는 연습을 해 보세요.

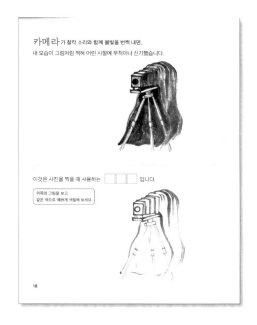

6 '주제 관련 글쓰기'와 '기억력 다지기' 페이지에서는 앞에서 그린 그림을 분석하고, 관련된 옛 추억을 떠올려 봅니다. 재미있는 기억을 글로 적고, 그림 안에 있는 소재를 다시 기억하는 훈련을 합니다.

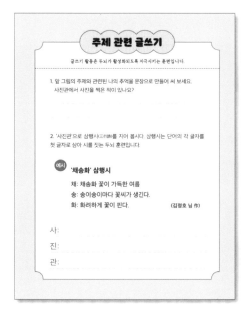

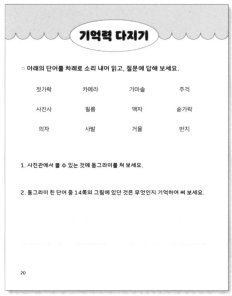

7 '생각 이어 가기' 페이지에서는 앞에서 그린 그림을 기억하여 연상 작용 훈련을 하게 됩니다. 그림의 주제와 관련된 아름다운 글과 시를 소리 내어 읽고, 창의적인 글짓기를 해 보세요. 기억력을 담당하는 측두엽과 뇌의 여러 부위를 연결하는 회로인 피질하 부위의 뇌세포, 그리고 수행 능력을 담당하는 전두엽을 자극할 수 있습니다.

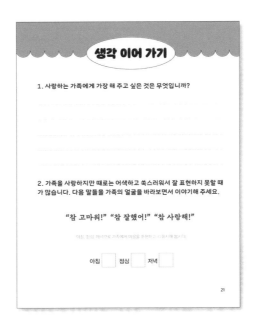

전두엽

행동, 계획, 감정, 성격, 기억 인출
기능을 담당하는 뇌 영역
손으로 직접 색을 칠하는 과정과
순서를 결정하는 훈련을 통해
전두엽에 있는 뇌세포가 자극됩니다.

두정엽

공간 개념, 방향, 위치 기억을 담당하는 뇌 영역

그림을 그리는 과정에서
공간 기능과 방향, 위치 인식을 통해
두정엽에 있는 뇌세포가 자극됩니다.

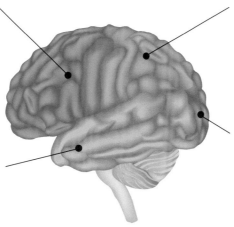

후두엽

시(視) 인지 기능을 담당하는 뇌 영역

그림을 눈으로 보고 인지할 때
후두엽에 있는 뇌세포가 자극됩니다.

측두엽

기억력 및 언어 기능을 담당하는 뇌 영역
그림에 관련된 추억을 이야기하고,
글로 써 보는 훈련을 통해 측두엽에 있는
뇌세포를 자극합니다.

8 즐거웠던 추억을 회상하며 색칠하기, 시 암송, 글짓기, 가족과 이야기 나누기 등 여러 활동을 통해 뇌의 감정 회로인 편도체가 자극되고 해마의 기능을 활성화시켜 기억력이 향상될 것입니다 《백년 뇌를 위한 재미있는 두뇌 운동-추억 놀이편》은 여러분이 소중한 기록이 될 것입니다.

> **편도체**
>
> 뇌의 변연계 일부로, 우리의 감정을 주관하며, 해마와 붙어 있어 기억력을 향상시키는 촉진제와 같은 역할을 합니다.

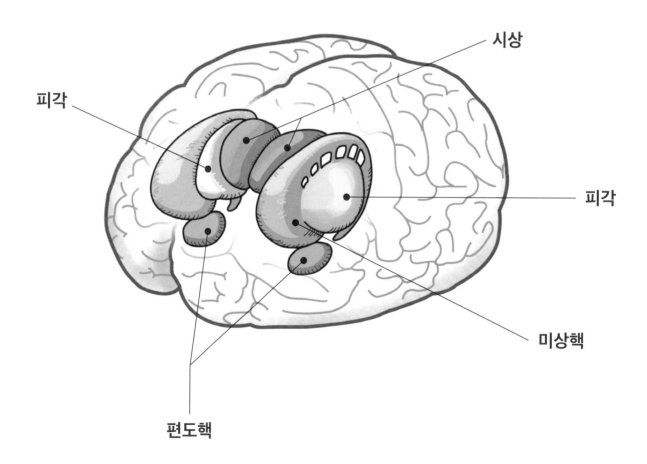

시상

피각

피각

미상핵

편도핵

목차

1. 사랑하는 가족

: **사진관**에서 가족사진 찍던 날,
번쩍이는 **카메라** 불빛에 눈을 감아 사진을 다시 찍기 일쑤였지요.

16

왼쪽의 설명을 읽고 아래의 빈칸에 알맞은 단어를 적어 봅시다.

1) 카메라가 귀하던 시절, 가족사진을 찍으러 어디에 갔나요?

2) 그림에서 사진 기사가 사진을 찍을 때 사용한 기계는 무엇인가요?

> 왼쪽의 그림을 보고,
> 같은 색으로 예쁘게 색칠해 보세요.

카메라 가 찰칵 소리와 함께 불빛을 번쩍 내면,

내 모습이 그림처럼 찍혀 어린 시절에 무척이나 신기했습니다.

이것은 사진을 찍을 때 사용하는 □ □ □ 입니다.

> 위쪽의 그림을 보고,
> 같은 색으로 예쁘게 색칠해 보세요.

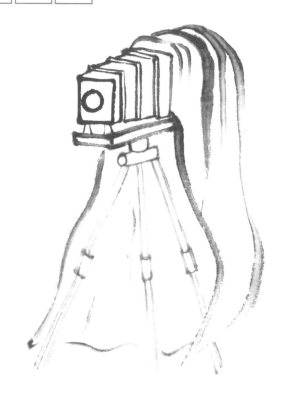

글쓰기 활동은 두뇌가 활성화되도록 자극시키는 훈련입니다.

1. 앞 그림의 주제와 관련된 나의 추억을 문장으로 만들어 써 보세요.
   사진관에서 사진을 찍은 적이 있나요?

....

....

2. '사진관'으로 삼행시(三行詩)를 지어 봅시다. 삼행시는 단어의 각 글자를
첫 글자로 삼아 시를 짓는 두뇌 훈련입니다.

예시 **'채송화' 삼행시**

채: 채송화 꽃이 가득한 여름

송: 송이송이마다 꽃씨가 생긴다.

화: 화려하게 꽃이 핀다.   (김정호 님 作)

사:
....

진:
....

관:
....

○ **아래의 단어를 차례로 소리 내어 읽고, 질문에 답해 보세요.**

젓가락	카메라	가마솥	주걱
사진사	필름	액자	숟가락
의자	사발	거울	반지

1. 사진관에서 볼 수 있는 것에 동그라미를 쳐 보세요.

2. 동그라미 친 단어 중 16쪽의 그림에 있던 것은 무엇인지 기억하여 써 보세요.

생각 이어 가기

1. 사랑하는 가족에게 가장 해 주고 싶은 것은 무엇입니까?

....

....

....

....

....

2. 가족을 사랑하지만 때로는 어색하고 쑥스러워서 잘 표현하지 못할 때가 많습니다. 다음 말들을 가족의 얼굴을 바라보면서 이야기해 주세요.

"참 고마워!" "참 잘했어!" "참 사랑해!"

아침, 점심, 저녁으로 가족에게 마음을 표현하고, ○표시해 봅시다.

아침 ☐ 점심 ☐ 저녁 ☐

2. 나를 닮은 아이 낳은 날

아기가 태어난 집 대문에는 외부 사람의 출입을 금지하기 위해 **21일** 동안 **금줄**을 걸었
어요. 금줄은 왼쪽 방향으로 꼰 새끼줄에 솔가지나 댓잎을 끼우고 아이의 성별에 따라
고추, 한지, 숯 등을 엮어 만들었어요.

왼쪽의 설명을 읽고 아래의 빈칸에 알맞은 단어를 적어 봅시다.

1) 아기를 낳으면 외부인의 출입을 막기 위해 무엇을 걸어 놓았나요?

2) 금줄은 며칠 동안 걸어 두었나요?

일

3) 딸을 낳으면 한지나 숯을 매달고, 아들을 낳으면 무엇을 매달았나요?

> 왼쪽의 그림을 보고, 같은 색으로 예쁘게 색칠해 보세요.

금줄 은 아기를 낳으면 대문에 걸어 두었던 줄입니다.

솔가지나 댓잎을 엮은 새끼줄에 고추나 숯을 함께 묶어 걸어 두었습니다.

이것은 아기를 낳은 뒤 대문 앞에 걸어 두었던 [ ][ ] 입니다.

위쪽의 그림을 보고,
같은 색으로 예쁘게 색칠해 보세요.

24

주제 관련 글쓰기

글쓰기 활동은 두뇌가 활성화되도록 자극시키는 훈련입니다.

1. 내가(혹은 아내가) 아이를 임신했을 때의 기억을 써 봅시다(태몽이나 임신했을 때 좋아했던 음식 등).

....

....

....

....

2. 내가(혹은 아내가) 아이를 낳은 날의 기분을 적어 봅시다.

....

....

....

....

○ 금줄을 걸어 본 적이 있나요? 아래 사진을 보고 금줄에 알맞은 자녀 이름을 써 보세요.

아들 이름 :

딸 이름 :

생각 이어 가기

사랑하는 자녀와 함께 찍은 가족사진을 붙이고,
자녀와 나의 닮은 점을 적어 봅시다.

자녀와 함께 찍은 사진 붙이기

내 얼굴을 가장 많이 닮은 자녀는 누구입니까? 어디가 닮았습니까?

....

나와 성격이 가장 비슷한 자녀는 누구입니까? 어떤 점이 비슷합니까?

....

나와 식성이 가장 비슷한 자녀는 누구입니까? 어떤 점이 비슷합니까?

....

3. 어머니와 가마솥

어머니는 **아궁이**에 불을 활활 지피시고, **가마솥**으로 김이 모락모락 나는 밥을 해 주셨습니다. 가마솥에 눌은밥으로 만들어 주신 구수한 **누룽지**가 그립습니다.

왼쪽의 설명을 읽고 아래의 빈칸에 알맞은 단어를 적어 봅시다.

1) 어머니가 음식을 하기 위해 불을 지피시던 곳은 어디입니까?

2) 예전에는 밥을 어디에 지었습니까?

3) 솥에 눌은밥으로 만든 음식은 무엇입니까?

왼쪽의 그림을 보고,
같은 색으로 예쁘게 색칠해 보세요.

29

가마솥 은 밥을 짓거나 물을 끓이는 데 사용하는, 쇠로 만든 솥입니다.

이것은 밥을 지을 때 사용하던 　　　　　　 입니다.

1번부터 순서대로 선을 긋고,
같은 색으로 예쁘게 색칠해 보세요.

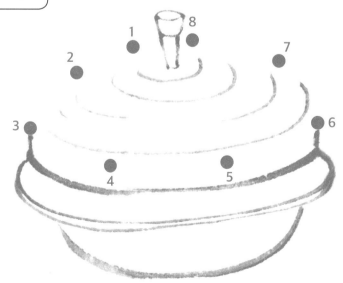

주제 관련 글쓰기

글쓰기 활동은 두뇌가 활성화되도록 자극시키는 훈련입니다.

1. 과거에 사용했던 생활 도구가 현대에 오면서 모양이나 특징이 달라졌습니다. 아래 그림과 용도가 같은 물건을 보기에서 골라 괄호 안에 적어 보세요.

보기			
형광등	압력 밥솥	믹서	장화
비옷	보일러	온풍기	선풍기

1) 호롱불	2) 가마솥	3) 맷돌	4) 부채

[ ]	[ ]	[ ]	[ ]

2. 어머니가 해 주셨던 음식을 떠올린 뒤, 가장 기억에 남는 음식에 대하여 적어 봅시다.

....

....

○ **아래의 단어를 차례로 소리 내어 읽어 보고, 질문에 답해 보세요.**

국자	비옷	가마솥	주걱	다리미
필름	숟가락	뚝배기	열쇠	아궁이

1. 부엌에서 볼 수 있는 것에 동그라미를 쳐보세요.

2. 동그라미 친 단어를 사용하여 만든 짧은 글 입니다. 빈 칸에 알맞은 단어를 넣어 글을 완성해 보세요.

[ ] 에 불을 지펴 [ ] 으로 밥을 짓던

어머니의 모습이 떠오릅니다.

매운 연기에 눈물을 닦으며 [ ] 으로

까만 보리밥을 밥그릇에 담아 내셨지요.

[ ] 에 구수한 된장찌개를 [ ] 로

퍼 주시면, [ ] 으로 가득 떠서 맛있게 먹었습니다.

부모

김소월

낙엽이 우수수 떨어질 때

겨울의 기나긴 밤

어머님하고 둘이 앉아

옛이야기 들어라

나는 어쩌면 생겨 나와

이 이야기 듣는가?

묻지도 말아라, 내일 날에

내가 부모 되어서 알아보리라

1. 시를 큰 소리로 낭독해 봅시다.

1회 낭독할 때마다 아래 칸에 ○표시해 주세요.

1회 [ ]　2회 [ ]　3회 [ ]

2. 부모님을 생각하며, 감사의 글을 써 봅시다.

_____

_____

_____

_____

_____

_____

_____

4. 어머니의 사랑

어머니는 어두운 밤, 호롱불 밑에서 구멍난 옷을 **바느질**로 꿰매고,
능숙하게 **재봉틀**로 예쁜 옷도 만들어 주셨습니다.

왼쪽의 설명을 읽고 아래의 빈칸에 알맞은 단어를 적어 봅시다.

1) 구멍난 옷을 꿰매는 일을 무엇이라고 하나요?

2) 옷을 만들 때 사용하던 도구는 무엇인가요?

> 왼쪽의 그림을 보고,
> 같은 색으로 예쁘게 색칠해 보세요.

호롱불 은 전기가 없던 시절, 밤을 밝히는 수단이었습니다.

양초와 함께 가정의 필수품이었지요.

오랜 시간 사용하면 코끝에 그을음이 생기기도 합니다.

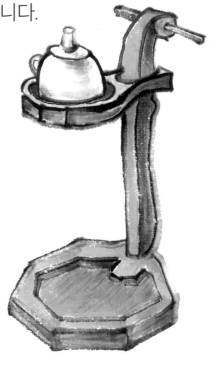

이것은 ☐☐☐ 입니다.

위쪽의 그림을 보고,
같은 색으로 예쁘게 색칠해 보세요.

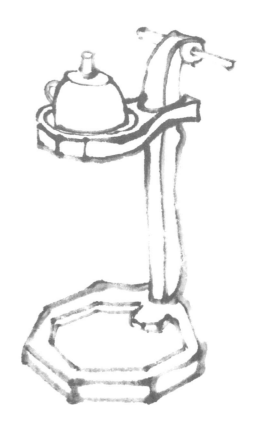

36

주제 관련 글쓰기

글쓰기 활동은 두뇌가 활성화되도록 자극시키는 훈련입니다.

1. 어릴 적 입었던 옷을 떠올려 보세요. 누가 만들어 주셨나요? 어떻게 생긴 옷이고, 그 옷을 입고 어디에 갔나요? 어린 시절 옷과 관련된 추억을 써 보세요.

○ '어머니의 사랑(34페이지)'에 그려진 물건을 기억하여 동그라미 쳐 보세요.

| 호롱불 | 자동차 | 고무신 | 재봉틀 | 감자 | 송아지 |

1. 동그라미가 그려진 단어를 적어 보세요.

2. 위에 적은 단어가 모두 들어가도록 짧은 글짓기를 해 봅시다.

생각 이어 가기

두뇌 체조를 하면서 노래를 불러 봅시다.
양손으로 '무릎 1번 치고, 손뼉 2번 치고'를 반복합니다.

두뇌 체조

무릎 치기 1번   손뼉 치기 2번

어머님의 은혜

높고 높은 하늘이라 말들 하지만
나는 나는 높은 게 또 하나 있지
낳으시고 기르시는 어머님 은혜
푸른 하늘 그보다도 높은 것 같애
넓고 넓은 바다라고 말들 하지만
나는 나는 넓은게 또 하나 있지
사람되라 이르시는 어머님 은혜
푸른 바다 그보다도 넓은 것 같애

다른 노래로도 두뇌 체조를 할 수 있습니다. 온 가족이 함께 부르면 더 좋습니다.

5. 목욕하는 날

물이 귀했던 옛 시절에는 명절 전 같이 특별한 날에 **목욕**을 했습니다.
솥단지에 물을 데워, 마당 한 켠 **고무 대야**에서 형제들과 함께 목욕하던
기억을 떠올려 봅니다.

왼쪽의 설명을 읽고 아래의 빈칸에 알맞은 단어를 적어 봅시다.

1) 물이 귀했던 시절에는 특별한 날 전에 무엇을 했나요?

☐ ☐

2) 아이들은 어디에서 목욕을 하고 있나요?

☐ ☐ ☐ ☐

왼쪽의 그림을 보고, 같은 색으로 예쁘게 색칠해 보세요.

바가지 는 가을에 딴 박을 쪼개어 삶아 속을 긁어내고 그늘에 말려
사용하는 것입니다. 쌀을 퍼내는 쌀바가지, 장독에 두고 쓰는 장조랑바가지,
물을 퍼내는 물바가지, 소의 먹이를 떠내는 쇠죽바가지 등 종류가 다양합니다.

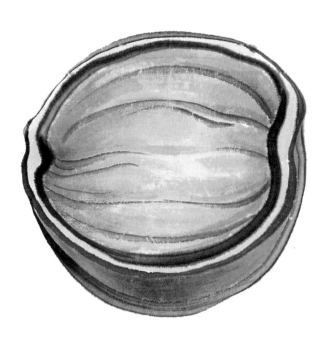

이것은 다양한 용도로 쓰였던 ☐☐☐ 입니다.

가부터 순서대로 선을 연결하고,
위와 같은 색으로 예쁘게 칠해 보세요.

파
타
카
하
차
가
자
나
아
다
사
라
바
마

주제 관련 글쓰기

글쓰기 활동은 두뇌가 활성화되도록 자극시키는 훈련입니다.

1. 어릴 적 목욕했던 날과 장소에 대한 추억을 적어 봅시다.

○ '목욕하는 날(40페이지)'에 그려진 물건을 기억하여 동그라미 쳐 보세요.

| 바가지 | 비누 | 가마솥 | 자동차 | 고무대야 | 메주 |

1. 동그라미가 그려진 단어를 적어 보세요.

2. 위에 적은 단어가 모두 들어가도록 짧은 글짓기를 해 봅시다.

**내가 젊었을 때 찍은 사진을 붙이고
그 당시를 떠올리며 글을 적어 봅시다.**

젊은 시절 사진 붙이기

이 사진은 내가 .... 살 때(쯤)

.... 에서 찍은 사진입니다.

나와 함께 사진을 찍은 사람은

.... 입니다.

이 사진을 다시 보니 ....

6. 겨울 준비

연탄은 겨울나기 준비에 가장 중요한 생활필수품이었습니다.

연탄은 **연탄집게**를 사용하여 옮기며, 공기구멍이 여러 개 뚫려 있어 **구멍탄**이라고도 불렸습니다.

왼쪽의 설명을 읽고 아래의 빈칸에 알맞은 단어를 적어 봅시다.

1) 쌀과 더불어 겨울나기에 가장 중요한 생활필수품은 무엇인가요?

2) 연탄을 옮길 때 사용하는 기구의 이름은 무엇인가요?

3) 공기구멍이 여러 개 뚫려 있는 연탄의 다른 이름은 무엇인가요?

왼쪽의 그림을 보고,
같은 색으로 예쁘게 색칠해 보세요.

지게 는 짐을 얹어 등에 지도록 만든 운반 도구입니다.
지게의 모양과 크기는 사용하는 곳과 사람에 따라 조금씩 다르고
만드는 방법 또한 다양합니다.

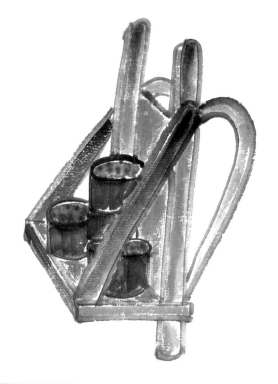

이것은 연탄을 나를 때 유용하게 사용했던 [ ][ ] 입니다.

위쪽의 그림을 보고,
같은 색으로 예쁘게 색칠해 보세요.

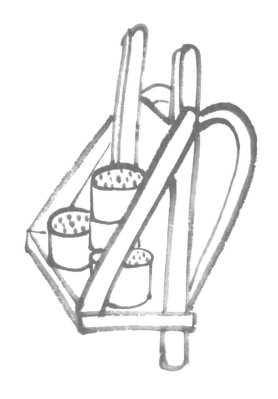

글쓰기 활동은 두뇌가 활성화되도록 자극시키는 훈련입니다.

1. 어릴 적 연탄을 나른 경험이 있나요? 그 시절을 회상하며 글로 표현해 보세요.

2. 연탄가스 중독은 치매의 원인이 될 수 있습니다. 연탄가스가 산소 운반을 방해해 뇌세포를 손상시키기 때문이지요. 연탄가스에 중독됐을 때 필요한 응급 처치 방법을 써 보세요.

기억력 다지기

○ '겨울 준비(46페이지)'에 그려진 물건에 동그라미 해 보세요.

리어카 족두리 연탄 지게 고구마 인두

1. 동그라미가 그려진 단어를 적어 보세요.

2. 위에 적은 단어가 모두 들어가도록 짧은 글짓기를 해 봅시다.

겨울마음

이상화

물장수가 귓속으로 들어와
내 눈을 열었다.

보아라!

까치가 뼈만 남은 나뭇가지에서
울음을 운다.

왜 이래?

서리가 덩달아 추녀 끝으로
눈물을 흘리는가.

내야 반가웁기만 하다
오늘은 따습겠구나.

1. 시를 큰 소리로 낭독해 봅시다.

1회 낭독할 때마다 아래 칸에 ○표시해 주세요.

1회 [ ]　2회 [ ]　3회 [ ]

7. 누가 빨리 돌리나

쥐불놀이는 정월 대보름 들판에 쥐불을 놓는 놀이입니다.
쥐불로 논밭 두렁의 잡초와 잔디를 태워 해충의 피해와 전염병을 예방하고
풍년을 기원하며 나쁜 액을 몰아내는 의미가 담겨 있습니다.

왼쪽의 설명을 읽고 아래의 빈칸에 알맞은 단어를 적어 봅시다.

1) 논밭 두렁에 쥐불을 놓아 잡초를 태우는 놀이는 무엇입니까?

2) 쥐불놀이는 언제 합니까?

> 왼쪽의 그림을 보고,
> 같은 색으로 예쁘게 색칠해 보세요.

쥐불놀이에는 바람구멍을 뚫은
빈 **깡통** 을 사용했습니다.

이것은 쥐불놀이에 사용하는 ☐☐ 입니다.

위쪽의 그림을 보고,
같은 색으로 예쁘게 색칠해 보세요.

글쓰기 활동은 두뇌가 활성화되도록 자극시키는 훈련입니다.

1. 쥐불놀이는 정월 대보름에 하는 놀이입니다. 명절에 했던 놀이에 대해 추억을 적어 봅시다.

2. '쥐불놀이'로 사행시(四行詩)를 지어 봅시다. 사행시는 단어의 각 글자를 첫 글자로 삼아 시를 짓는 두뇌 훈련입니다.

예시 **'아네모네' 사행시**

아: 아버지 어머니 돌아가셔도

네: 네 형제 오손도손 우애 있네

모: 모자 쓰고 정장 입고 구두 신고

네: 네 형제 모두 모여 성묘 가세 　　　　　**(임옥규 님 作)**

쥐:

불:

놀:

이:

○ 우리나라 고유의 절기와 그 절기를 대표하는 놀이 및 풍습을 연결해 보세요.

설날 ●

● 창포물에 머리 감기

정월 대보름 ●

● 강강술래

단오 ●

● 윷놀이

추석(한가위) ●

● 쥐불놀이

생각 이어 가기

사랑하는 손자, 손녀와 함께하는
공기놀이

공기놀이 방법

1) 손에 잡은 공깃돌 5개를 바닥에 흩뜨린다.

2) 한 알 집기: 다섯 알 중 한 개를 손가락으로 집어 위로 던지고 이것이 떨어지는 동안 바닥에 있는 공깃돌 중 한 알을 집은 후 떨어지는 공깃돌을 손바닥에 받는다.

3) 두 알 집기, 세 알 집기: 한 알 집기와 같은 방법으로, 바닥의 공깃돌을 두 알, 세 알 차례대로 집는다.

4) 네 알 집기: 공깃돌을 모두 쥐고 한 알을 위로 던진 뒤, 나머지 돌을 바닥에 놓는다. 던진 돌을 받고, 다시 돌을 위로 던지면서 바닥에 있는 네 개의 돌을 쓸어 쥐면서 던진 돌을 받는다.

5) 꺾기: 한 알 집기에서 네 알 집기까지 끝나면 손바닥에 공깃돌을 모두 얹고 위로 던진 다음 재빨리 떨어지는 돌을 손등으로 받는다. 손등에 얹힌 공깃돌을 그대로 위로 띄운 다음 공중에서 낚아챈다.

> * 이때 손바닥에 잡힌 공깃돌의 수가 많고 적음에 따라 승부를 겨룬다.
> 이를 '나이 먹기'라고 한다.

8. 연아, 높이 날아라

연날리기는 종이에 대나무 살을 붙인 연을 실에 매고, 얼레에 감아 하늘에 날리는 **겨울** 놀이입니다. 연을 높이 띄우고 친구와 연줄을 걸어, 줄을 풀었다 감았다 하며 상대의 연줄을 끊어 연을 날려보내는 **연싸움**을 하기도 했습니다.

왼쪽의 설명을 읽고 아래의 빈칸에 알맞은 단어를 적어 봅시다.

1) 바람을 이용해 연을 날리는 놀이는 무엇입니까? ☐☐☐☐

2) 연날리기는 어느 계절에 주로 하는 놀이입니까? ☐☐

3) 상대방의 연줄을 끊어 연을 날려보내는 놀이를 무엇이라고 합니까? ☐☐☐

왼쪽의 그림을 보고,
같은 색으로 예쁘게 색칠해 보세요.

연 날 리 기는 종이에 대나무 살을 붙인 연을 실에 매고,
얼레에 감아 하늘에 날리는 겨울철 놀이입니다.

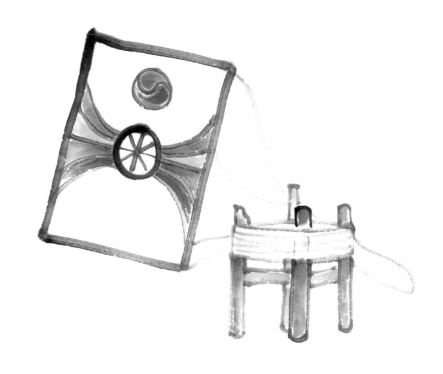

이것은 연날리기에 사용하는 [　]과 [　][　] 입니다.

위쪽의 그림을 보고,
같은 색으로 예쁘게 색칠해 보세요.

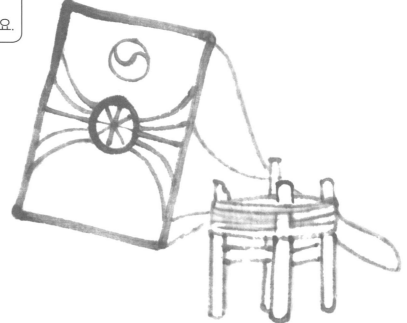

주제 관련 글쓰기

글쓰기 활동은 두뇌가 활성화되도록 자극시키는 훈련입니다.

'연날리기'로 사행시(四行詩)를 지어 봅시다. 사행시는 단어의 각 글자를 첫 글자로 삼아 시를 짓는 두뇌 훈련입니다.

 '해바라기' 사행시

해: 해를 따라다니는 해바라기

바: 바람에도 흔들리지 않는다

라: 라라라 라라라

기: 기분 좋게 해를 따라다닌다   **(김량월 님 作)**

연:

날:

리(이) :

기:

○ 아래의 사진은 연을 만드는 과정을 순서대로 나열한 것입니다.
각 그림에 해당하는 설명을 찾아 그림의 번호를 적어 봅시다.

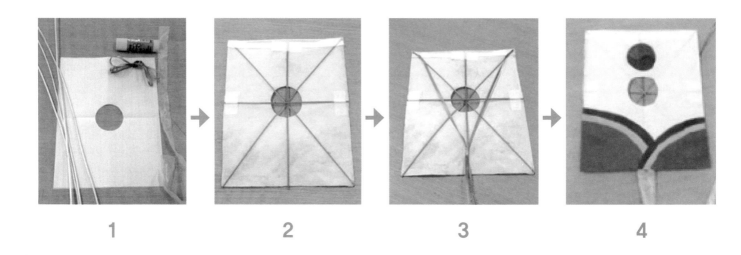

1　　　2　　　3　　　4

연 종이 위에 가로, 세로, 대각선으로 대나무 살을 엇붙인다.

연에 실을 맨다.

얇은 종이, 대나무 살, 실과 풀 등 재료를 준비한다.

마지막으로 연 꼬리를 달아 연을 완성한다.

2. 각 계절에 나오는 대표 과일 또는 채소를 2개 이상 적어 보세요.

봄

여름

가을

겨울

9. 여름날의 추억

수박 서리는 여름철 수박 밭에서 수박을 훔쳐 먹던 일종의 장난입니다.
개구쟁이들은 약간의 허기를 채우려고 **원두막**에서 수박을 지키던 주인 몰래
수박을 따서 줄행랑을 치곤 했습니다.

왼쪽의 설명을 읽고 아래의 빈칸에 알맞은 단어를 적어 봅시다.

1) 아이들이 수박을 훔쳐 먹던 장난은 무엇입니까?

3) 수박 주인은 주로 어디에서 수박을 지킵니까?

왼쪽의 그림을 보고,
같은 색으로 예쁘게 색칠해 보세요.

원두막은 참외, 수박 등을 심은 밭을 지키기 위해 밭머리나 밭 한가운데 지은 막입니다. 여름철 더위를 피하고, 동네 주민들이 잠시 쉬었다 가는 휴식 장소로 쓰이기도 했습니다.

이것은 밭에 심은 작물들을 지키기 위해 지은 ☐☐☐ 입니다.

위쪽의 그림을 보고,
같은 색으로 예쁘게 색칠해 보세요.

주제 관련 글쓰기

글쓰기 활동은 두뇌가 활성화되도록 자극시키는 훈련입니다.

1. 어린 시절 여름철에 친구들과 했던 놀이를 떠올려 보고, 그때를 회상하며 짧은 글을 적어 봅시다.

2. '원두막'으로 삼행시(三行詩) 를 지어 봅시다. 삼행시는 단어의 각 글자를 첫 글자로 삼아 시를 짓는 두뇌 훈련입니다.

예시 **'옥수수' 삼행시**

옥: 옥상 위에 올라가니 청명한 날씨에

수: 수수께끼 같은 꽃망울이 피어납니다

수: 수확하는 계절이 곧 돌아오렵니다

(엄정혜 님 作)

원:

두:

막:

○ ①번부터 ③번까지 차례대로 선을 따라 내려가 보세요.

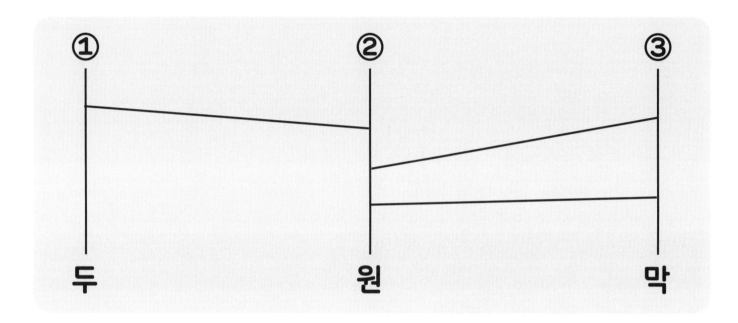

1. 각 숫자를 따라가서 찾은 글자를 적어 보세요.

① _____   ② _____   ③ _____

생각 이어 가기

여름철 논밭에는 맛있는 채소와 과일이 잘 익어 갑니다.
아래 그림에서 여름철에 서리할 수 있는 것을 찾아 동그라미 하세요.

10. 책보를 메고

어린 시절 책과 도시락을 넣은 **책보**를 등에 메고 학교에 가는 길은 마냥 즐거웠습니다.
고무신을 신고 다닌 등굣길이 지금도 아련합니다.

왼쪽의 설명을 읽고 아래의 빈칸에 알맞은 단어를 적어 봅시다.

1) 학교를 가기 위해 등에 멘 책가방의 이름은 무엇인가요?

2) 학교 가는 길에는 어떤 신발을 신었나요?

왼쪽의 그림을 보고,
같은 색으로 예쁘게 색칠해 보세요.

고무신 은 고무를 재료로 만든 신으로, 남성용 고무신은 갓신을 본떴고 여성용 고무신은 당혜를 본떠서 만들어 각기 모양이 다릅니다.

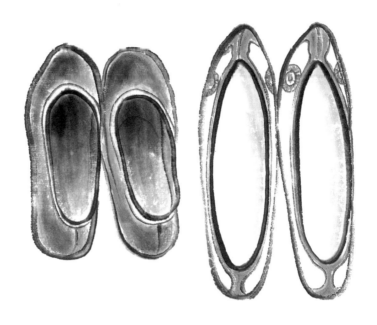

이것은 ☐☐☐ 입니다.

위쪽의 그림을 보고,
같은 색으로 예쁘게 색칠해 보세요.

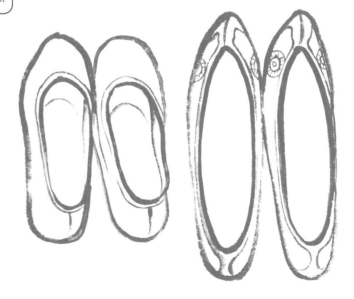

주제 관련 글쓰기

글쓰기 활동은 두뇌가 활성화되도록 자극시키는 훈련입니다.

학창 시절 추억을 적어 봅시다.
(학교 이름/ 친했던 친구들/ 도시락 반찬/ 수업 시간 등)

1. 학교 이름은 무엇인가요? (초등(국민)학교, 중학교, 고등학교 등)

....

....

2. 친하게 지낸 친구들의 이름을 적어 보세요.

....

....

3. 학교에서 먹었던 도시락 반찬은 무엇이었나요?

....

....

4. 가장 좋아하는 과목은 무엇이었나요?

....

....

기억력 다지기

○ '책보를 메고(70페이지)'에 그려진 물건에 동그라미 쳐 보세요.

| 호롱불 | 고무신 | 벼 | 인두 | 고구마 | 책보 |

1. 동그라미가 그려진 단어를 적어 보세요.

....

2. 위에 적은 단어가 모두 들어가도록 짧은 글짓기를 해 봅시다.

....

생각 이어 가기

'고무신'으로 삼행시(三行詩)를 지어 봅시다. 삼행시는 단어의 각 글자를 첫 글자로 삼아 시를 짓는 두뇌 훈련입니다.

 '접시꽃' 삼행시

접: 접시꽃이 피니 봄이 왔구나

시: 시들시들한 내 마음

꽃: 꽃처럼 아름답게 살고 싶다

(임옥규 님 作)

고:

무:

신:

11. 봉선화 물들이기

초가을이면 꽃잎에 **백반**을 넣고 찧어서 손톱에 물을 들이곤 했습니다.
첫눈이 내릴 때까지 손톱 끝의 **봉선화**에 물이 빠지지 않으면 첫사랑이
이루어진다는 이야기에 가슴 설레며 첫눈을 기다리곤 했습니다.

왼쪽의 설명을 읽고 아래의 빈칸에 알맞은 단어를 적어 봅시다.

1) 손톱에 꽃물을 들일 때 사용하는 꽃은 무엇인가요?

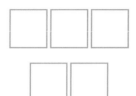

2) 꽃과 꽃잎 그리고 무엇을 함께 넣어서 빨았나요?

왼쪽의 그림을 보고,
같은 색으로 예쁘게 색칠해 보세요.

봉선화 와 잎을 빻아 손톱 위에 얹고,

잎이나 천으로 감싼 후 **명주실**로 매면 붉은색 물이 듭니다.

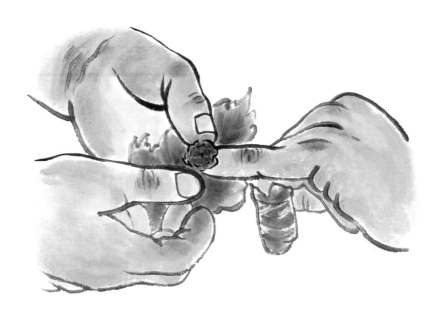

이것은 ☐☐☐ 입니다.

위쪽의 그림을 보고,
같은 색으로 예쁘게 색칠해 보세요.

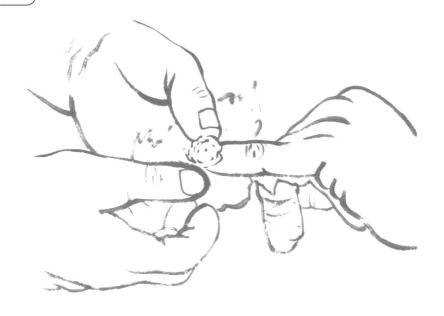

글쓰기 활동은 두뇌가 활성화되도록 자극시키는 훈련입니다.

'봉선화'로 삼행시(三行詩)를 지어 봅시다. 삼행시는 단어의 각 글자를 첫 글자로 삼아 시를 짓는 두뇌 훈련입니다.

 '옥수수' 삼행시

옥: 옥수수는 여름에 따고

수: 수박은 여름에 먹고

수: 수영을 하면서 더위를 잊자

(임정혜 님 作)

봉:

선:

화:

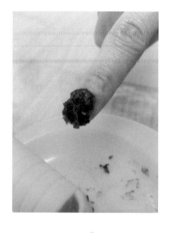   

가   나   다   라

○ **다음은 봉선화 꽃물 들이는 순서를 설명한 것입니다.**

  1) 꽃과 꽃잎, 백반, 소금, 명주실 등 도구를 준비한다.

  2) 꽃과 꽃잎을 백반과 함께 찧는다.

  3) 찧은 꽃과 잎을 손톱 위에 얹는다.

  4) 잎으로 감싸 명주실로 매어 고정한다.

○ **'가, 나, 다, 라'의 그림을 순서에 맞게 배열해 보세요.**

봉선화

홍난파

울밑에 선 봉숭아야

네 모양이 처량하다

길고 긴 날 여름철에

아름답게 꽃필 적에

어여쁘신 아가씨들

너를 반겨 놀았도다

1. 시를 큰 소리로 낭독해 봅시다.

1회 낭독할 때마다 아래 칸에 ○표시해 주세요.

1회 [ ] ·2회 [ ] 3회 [ ]

2. 어린 시절, 친구들과 즐겨 했던 놀이는 무엇이었나요? 기억에 남는 놀이를 적어 봅시다.

12. 행복을 싣고 온 고물 장수

"고물 삽니다~ 안 쓰는 냄비나 헌 솥 삽니다." 골목에서 **고물 장수**의 소리가 들리면,
모아 둔 고물을 내주며 **뻥튀기**와 **엿**으로 바꿔 먹던 시절이 떠오릅니다.

왼쪽의 설명을 읽고 아래의 빈칸에 알맞은 단어를 적어 봅시다.

1) 고물을 사고파는 사람을 뭐라고 부르나요?

☐ ☐ ☐ ☐

2) 고물을 주고 무엇으로 바꾸었나요?

☐ 또는 ☐ ☐ ☐

왼쪽의 그림을 보고,
같은 색으로 예쁘게 색칠해 보세요.

리어카라고도 하는 **손수레**는 처음에는 자전거 뒷부분에 다는
이륜차였으나, 점차 사람이 직접 끌게 된 도구입니다.

이것은 ☐☐☐ 입니다.

위쪽의 그림을 보고,
같은 색으로 예쁘게 색칠해 보세요.

글쓰기 활동은 두뇌가 활성화되도록 자극시키는 훈련입니다.

'고물 장수'으로 사행시(四行詩)를 지어 봅시다. 삼행시는 단어의 각 글자를 첫 글자로 삼아 시를 짓는 두뇌 훈련입니다.

 '꽃양귀비' 사행시

꽃: 꽃 같이 아름답게 살자

양: 양 같이 착하게 살자

귀: 귀엽고 아름답게 살자

비: 비눗방울 같이 예쁘게 살자　　　　　**(김정호 님 作)**

고:

물:

장:

수:

기억력 다지기

○ **고물 장수에게 고물을 팔아 봅시다.**

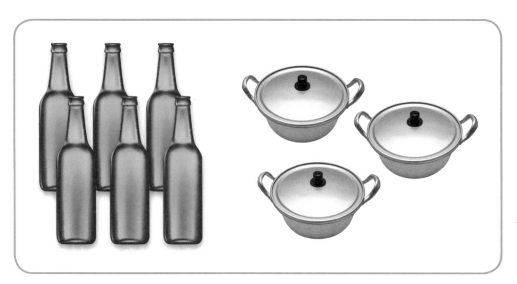

오늘 찾아온 고물 장수는
유리병 3개당 엿 1묶음, 냄비 1개당 뻥튀기 1봉지로 바꿔 준다고 합니다.

○ **위의 그림에 있는 병과 냄비를 팔아 엿과 뻥튀기로 교환해 봅시다.**

내가 가진 유리병 .... 개, 냄비 .... 개를

엿 .... 묶음, 뻥튀기 .... 봉지로

교환할 수 있다.

어려웠지만 행복했던 시절! 직업과 사진 그리고 그 직업을 가진 사람이 필요한 순간을 알맞게 짝지어 봅시다.

전화 교환원 ●

● 전화걸 때

얼음 장수 ●

● 겨울밤 출출할 때

버스 안내양 ●

● 여름에 빙수, 화채 먹을 때

인력거꾼 ●

● 버스 타고 내릴 때

찹쌀떡 장수 ●

● 초행길을 빠르게 이동할 때

이은아 신경과 전문의, 신경과학 의학박사, 해븐리병원장

전공의 시절 행동 신경학을 배우면서, 뇌와 사람의 행동에 대해서 관심 갖게 되었다. '하늘 아래 처음 보는 병은 없다. 의사가 못 찾은 것일 뿐'이라는 스승의 가르침을 평생 마음에 새기고 환자를 끝까지 포기하지 않는 마음으로 진료하고 있다. 2008년 환자를 위해 마음껏 진료할 수 있는 병원, 천국 같은 하늘 마을, 해븐리병원을 개원했다. '병을 치료하는 것이 아니라, 치매 환자의 삶을 치료하는 것'임을 깨닫고, 때론 치매 환자와 함께 먹고 자고 생활하면서 다양한 방법으로 치료를 시도해 왔디. 치매 환자와 가족들은 그를 '치매 분야의 야전 사령관'이라 부른다. 특히 치매 환자들의 뇌기능을 회복하기 위해, 아직 치매로 진행되지 않은 경도인지장애 분들의 뇌를 자극하기 위해 꼭 필요한 활동을 모아 이 책을 만들었다. 실제 병원에서 환자들의 치료에 사용하면서 긍정적인 효과를 많이 경험했다. '치매는 치료가 안 된다'는 선입견과 의학적 지식의 틀을 깨고 '치매도 치료할 수 있다. 예방하고 평생 관리하는 병이다!'라는 것을 이 치료들을 통해서 증명했다.

그림 김경주

한국화가. 세종대학교 미술대학 회화과를 졸업했다. 교육청 우수 강사로 학교와 문화센터 등에서 그림을 가르친다, 현재는 그림을 통해 아이들이 상처를 딛고 일어나 다시 꿈꿀 수 있도록 돕고 있다.

백년 뇌를 위한
재미있는 두뇌 운동 추억 놀이편

초판 1쇄 발행 2021년 6월 30일
초판 2쇄 발행 2022년 5월 10일

지은이 이은아
그림 김경주
펴낸이 이범상
펴낸곳 (주)비전비엔피·이덴슬리벨

기획 편집 이경원 차재호 김승희 김연희 고연경 박성아 최유진 황서연 김태은 박승연
디자인 최원영 이상재 한우리
마케팅 이성호 최은석 전상미 백지혜
전자책 김성화 김희정 이병준
관리 이다정

주소 우)04034 서울특별시 마포구 잔다리로7길 12 (서교동)
전화 02) 338-2411 | **팩스** 02) 338-2413
홈페이지 www.visionbp.co.kr
이메일 visioncorea@naver.com
원고투고 editor@visionbp.co.kr
인스타그램 www.instagram.com/visionbnp
포스트 post.naver.com/visioncorea

등록번호 제2009-000096호

ISBN 979-11-88053-40-7 04060

도서에 대한 소식과 콘텐츠를
받아보고 싶으신가요?